alma september

heimweh

für meinen bruder R.

Originalausgabe

1.Auflage 2012

© 2012 bei Alma September
Herausgeber: Hatice Özcelik
Alle Rechte vorbehalten. Kein Teil des Werkes darf in irgendeiner Form
(durch Fotografie, Mikrofilm oder ein anderes Verfahren) ohne schriftliche
Genehmigung des Herausgebers reproduziert oder unter Verwendung
elektronischer Systeme verarbeitet, vervielfältigt oder verbreitet werden.
Bibliografische Information der Deutschen Nationalbibliothek:
Die Deutsche Nationalbibliothek verzeichnet diese Publikation in der
Deutschen Nationalbibliografie; detaillierte bibliografische Daten sind
im Internet über http://dnb.d-nb.de abrufbar.
Umschlaggestaltung & Fotografie: Hatice Özcelik
© 2012
Herstellung und Verlag: Books on Demand GmbH, Norderstedt

ISBN: 9783844816365

…meine schritte gehe ich mit
bedacht,
etwas was du nicht kennst,
sonst würde ich in deinen spuren
nicht versinken.

...und wann, erhebst du dein glas
auf mich?

...ich habe, in all den jahren,
vergessen erwachsen zu werden.

...wenn du die türe verschließt,
vergiss bitte nicht uns
mitzunehmen.

…ein glas wasser in der hand,
den blick in die endlosigkeit
gerichtet.
wartend.
fast voller sehnsucht.
fast ein wenig träumend.

...das bedürfnis,
jeden tag neu geboren zu werden,
nahm nie ein ende.

…wenn du fühlen willst, dann komm zurück.

…ich warte bis morgen,
um dich ein letztes mal zu sehen.

...im leben, nimmt man nicht viel
wissen mit.

...ich habe nie erwartet,
das du mir vergibst,
es lebt sich auch so.

...manchmal,
möchte ich die gesichter,
hinter all den namen, die ich höre
und lese,
nicht sehen.

…ich habe meine koffer gepackt,
nun hol mich ab von dieser welt.

…ich brauche die gegenwart,
um eine vorstellung, von der
zukunft zu haben.

…"du fehlst mir" dachte ich,
doch es ist eher die vorstellung
von dir,
die ich vermisse.

...ich habe immer die hoffnung
gehabt,
eines tages das zu werden,
was ich immer schon gewesen bin,
deine schwester.

...mein herz bricht,
es lässt sich nicht aufhalten.

…diese melodie,
erinnert mich an den abschied.

...ich habe zu lange geschwiegen,
um meine stimme nun im jetzt zu
erkennen.

…am himmel angekommen,
kannte ich niemanden.

…traurigkeit ist eine,
von vielen sprachen,
die ich und die welt sprechen.

…ich bin nicht mehr da, wo du mich
vermutest.

...ist es so schwer schuldig zu
sein?

...ich brauche ein wenig mehr zeit,
um zu verstehen, was gerade
passiert ist.

...im leben des anderen,
tut sich nur soviel, wie man es
mitbekommen möchte.

...sag, wann genau, habe ich es
nicht verstanden?

...der falsche stolz,
ist die hürde,
die unsere schritte zueinander
stoppt.

...sei mein vater,
mein bruder, mein gewissen,
mein hoffen und mein leben.

...auch in unseren träumen lügen
wir.

…meine sicherheit,
hast du mir genommen,
als du gegangen bist.

...wenn ich wüsste,
wo ich dich finden könnte,
würde ich es wagen,
auf die suche zu gehen.

...über meine zweifel,
habe ich niemals mit jemandem
gesprochen,
vielleicht war es ein fehler an
ihnen festzuhalten.

...je weniger menschen ich ertragen
muss,
desto mehr bleibe ich,
ich selbst.

…heute hat die sehnsucht nach dir,
mich ohnmächtig werden lassen.

...gab es einen moment, in dem du
jemals an uns geglaubt hast?

...meine gedanken schenke ich dir,
mitten in der nacht.

...ein halbes leben,
habe ich gewartet,
um eine entscheidung zu treffen,
für die ich nie bereit gewesen
bin.

…im augenblick,
ohne das ich es weiß,
lebe ich die endlcsigkeit.

…ich vermisse deine sicherheit,
mit der ich aufwuchs.

...verurteile mich nicht,
für das was ich bin und was ich
liebe.
schätze mich,
die angst überwunden zu haben,
es dir zu gestehen.

...weder die meinung von dir,
noch von anderen,
haben jemals an der tatsache was
geändert,
das ich nur eines wollte,
nämlich freiheit.

...deine beschützende hand über
meinem kopf, hat mich die welt mit
anderen augen sehen lassen.

...finde neben der liebe,
eine gemeinsamkeit mehr,
die dich ans leben bindet.

…die hoffnung von veränderung lies
nach,
eine tiefe traurigkeit bohrte sich
in mich,
und meine gedanken schienen wellen
zu schlagen.

...du lässt mich kalt, fast zu
traurig um es zu erwähnen.

...ich weiß,
das du immer an mich denken wirst.

…weder dein blick, noch dein wort,
ändern etwas an der tatsache,
das ich weiter gehe.

...ich habe die nacht zum tag
gemacht,
um in der lage zu sein,
dir nicht öffnen zu können.

...berühre mich bitte, nur ganz
kurz.

…ich weiß nicht,
wie viele züge ich verpasst habe,
aber ich kenne den namen der
haltestelle,
an der du wartest.

...sag nicht,
was du denkst,
es spricht mir aus der seele.

...die ängste die mich heimsuchen,
treffen sich in der mitte meines
herzens
und jedes mal treffe ich die
falsche entscheidung.

...du bist das wahre für einen
abschnitt gewesen,
nun schreite ich ins nächste,
und ich weiß, es gibt keinen
zurück.

...ich habe das gefühl angekettet
worden zu sein,
und finde weder den schlüssel,
noch jemanden der mich befreien
kann.

...ich habe dir meine seele
offenbart und dich verloren.

…eine umarmung von dir,
nur eine, bevor es zu spät ist.

...jedesmal wurde ich schwermütiger.

…ich würde gerne im himmel
anklopfen,
nur um das eine,
oder andere gute gespräch zu
führen.

...empfindest du wirklich gleich?

…die inspiration in der nacht, war
die sehnsucht.
die inspiration für klare gedanken
am tage,
war die entfernung zu dir.

...erinnerst du dich noch an den
verlust,
der uns prägte?
nun,
ich habe es es inzwischen einmal
mehr erlebt.

...seele- schrei,

      herz- schlage,

           lunge- atme,

kopf- entlaste,

      gefühl- handele,

           leben- lebe!

Alma September

Gedanken Trunk

Bereits erschienen:
Paperback, 72 Seiten
ISBN 9783844805932
Preis: 7,90 €

aufzeichnung von gedankensplittern.